浙江省文史研究馆
文史丛书之四十四

储建国　文

童介眉　绘

少年潘天寿

西泠印社
出版社

序
PREFACE

　　潘天寿与吴昌硕、齐白石、黄宾虹并称 20 世纪借古开今的中国画四大家，潘先生在中国画创作和教育方面贡献卓著，为人敬仰，曾任浙江美术学院院长和中国美术家协会副主席等，桃李满天下。先生出生于浙江省宁海县，从小在浙东宁海长大，19 岁离开家乡赴杭求学。这本连环画《少年潘天寿》资料可信，内容丰富，生动形象，极具教育意义。家乡山川秀美、人才辈出，美好的环境抚育着少年天寿的成长，赋予他率真处世的高尚品格、刻苦钻研的创造精神，钟情书画的艺术志趣和强烈的爱国情怀。精美的图片和文字让读者在阅读欣赏的同时，陶冶性情，得到启迪，我想这也是储建国和童介眉两位先生的初衷。作为《潘天寿》传记的作者和研究者，我衷心祝贺这本由冰心老人题写书名的佳作问世，赞赏有加！

中国美院教授、潘天寿纪念馆原馆长　卢炘

2021 年 3 月 14 日

目录
CONTENTS

天台四万八千丈，对此欲倒东南倾。

天姥连天向天横，势拔五岳掩赤城。

越人语天姥，云霓明天或可睹。

海客谈瀛洲，烟涛微茫信难求。

1. 在浙江东部有天台和四明两大山脉，其山麓逶迤至美丽的东海之滨。唐代诗人李白攀登后，留下《梦游天姥吟留别》；明代徐霞客慕名到此游览，写下《徐霞客游记》的开篇。这就是依山傍海的宁海县。

1

2.唐宪宗元和七年（812），官至六军使的潘展告老还乡，择寓于宁海大中山下，潘家子孙世代过着耕读生活。因村庄代有官出，故名"官庄村"，潘氏族人正名为"冠庄村"。

3. 冠庄村前有颜公河环绕，后有雷婆头峰为天然屏障。大自然赐予冠庄高山流水，绿树成荫，鸟语花香；时间老人也正在悄然酝酿一位画坛宗师。

少年潘天寿

4.十九世纪中叶的中国正处内忧外患。冠庄潘氏一支"慕荆堂"大家族，至潘期照传给长子潘秉璋继承经营时，家族日趋衰落，想以教育振兴家业。

5. 清光绪二十三年（1897）三月十四日亥时，冠庄楼下道地的东大堂里诞生了一个婴儿，按宗谱"天"字排行，长辈赐名"天谨"；后起学名天授，又名天寿。

6. 潘家楼下道地住宅，灰墙黑瓦，明堂用鹅卵石铺设，阊门外的照墙上有一"福"字，据传是朱熹所写。火灾后潘期照（1845—1898）重建，曰"又新居"。

7. 潘天寿出生的第二年（1898），家里的掌舵人、饱读诗书的祖父潘期照去世。因家道中落，父亲潘秉璋被迫停学，生活重担给他带来了压力。

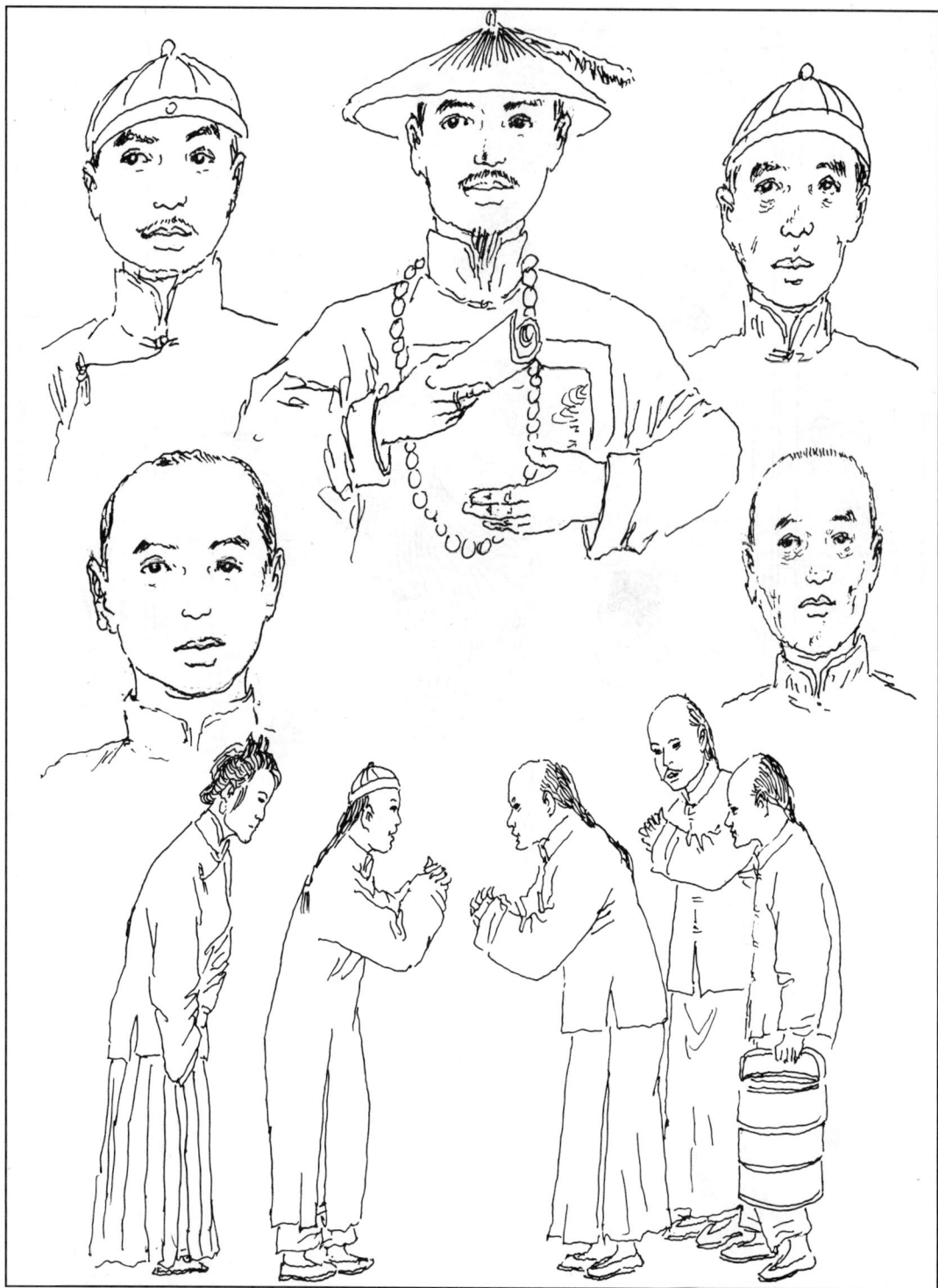

8. 同年，潘秉璋考中秀才。潘氏宗族和姻亲中，有许多是科举出身，如潘秉璋的父亲潘期照是国学生，姑父魏璜是廪生，岳父周熊飞是举人，外公严德邃是廪生等，还有多位秀才。

9. 潘秉璋，字子陶，号制臣，精于诗文，工书法，常年忙于乡村事务和社会公益活动。天寿从小在父亲身边耳濡目染，得到了艺术的熏陶和为人的启蒙教育。

10.母亲周水仙（1872—1903），出身书香门第，天资聪慧，颇有家教。她除操持家务外，还会剪纸、绣花、裁衣等女红针黹活，暇时给天寿讲故事背古诗。

11. 有一次，母亲指着西山方向，讲起了雷婆头峰的传说：从前有一位武艺高强的雷婆婆，腾云驾雾在山里降妖捉怪，保百姓平安，在山间留下刀刻斧凿般的痕迹，后人便把这座山叫作"雷婆头峰"。

12. 受家庭熏陶，天寿从小就喜欢看图画，五六岁时，便常一个人到村子的店铺里去看年画，最高兴的就是春节时父亲带他进城逛书店买年画。

13. 每当父亲写字时，天寿总在一旁静静看着，等父亲写完，他便争着写上几笔，还将废纸捡来临字。父亲发现他模仿力极强，就买来土纸进行辅导。

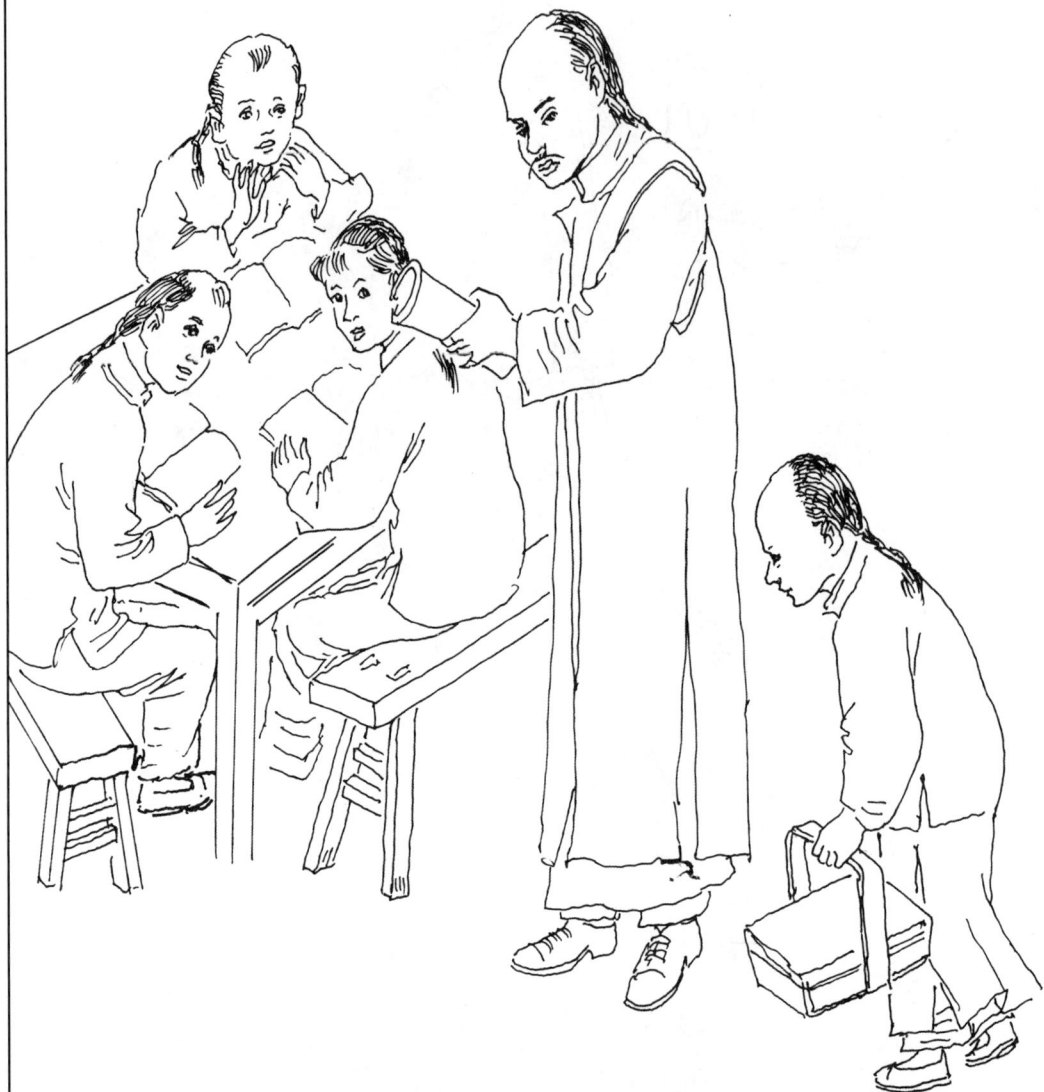

潘氏宗塾

14. 光绪二十九年（1903）夏，七岁的天寿提着书篮，高高兴兴地跨进书塾上学，学名天授。这是一所潘家宗塾，同族年龄相仿的有六名小伙伴。

15. 宗族里辟出冠庄上屋道地的中堂和一间厢房为书塾，由学生潘新官家里无偿提供。书塾中堂悬挂着乾隆二十五年（1706）立的"率真处世"金字匾额，激励后代子孙。

16.塾师潘天道是族中的饱学之士，但没有功名，人称"半秀才"，他的言谈举止都恪守着儒家礼仪。

人之初

本善

赵钱孙李

神童詩

千字文

百家生

三字經

幼學瓊林

17. 书塾日课学《三字经》《千字文》《百家姓》《神童诗》《幼学琼林》等，还要练字描红，再由塾师进行深入浅出的讲解。天寿对写字有着非常浓厚的兴趣。

17

18.书塾每天的课程大致是这样的：早晨到教室自行大声朗读，背诵课书；等塾师到后，逐一背书，然后上新课；下午习字、作文、对课。

善

<table>
<tr><td>苟不教性</td><td>近习相远</td><td>本善性相</td><td>人之初性</td></tr>
</table>

19. 塾师要学生先写描红，后写墨映格，再墨写空格。如何运笔写好字，天道先生却从来不讲解，在习字本上圈几个红圈圈便是对这几个字的赞赏。

20. 天寿的书法作业每天都比别人写得多，他总是利用每天午饭后的空闲时间写满一整张黄皮纸，这个习惯一直保持到晚年。

21. 塾师手拿"戒尺"，点名某学生上来，面朝板壁背书或对课。对课就是对对子，塾师出"红花"，学生对"绿叶"之类。背不出或对不上的，学生要挨戒尺或"押假"（补课）。

22. 天道先生处罚学生时，高高举起戒尺，瞪大眼睛、皱起眉头，看似十分严厉；当戒尺落到
学生手心时，心又软了，打不下去。学生们既害怕，又喜欢。

少年潘天寿

23. 秋收农忙时节，日课改为夜课。一天晚上，正在上课的学生潘仲林发现有人在偷书塾后园的梨，连忙招呼大伙儿去捉贼。

24.没想到，天道先生却将一盏油灯交给天寿，吩咐道："快去照后园，别让摘梨的跌伤。"第二天，天道先生还将后园捡到的梨分发给学生们。

25. 书塾没有寒暑假，规定每月十五和三十放假。每年清明、端午、中秋、农忙季节、重要集市日，塾师也会放假。书塾放假时，天寿常在家做些家务和小农活。

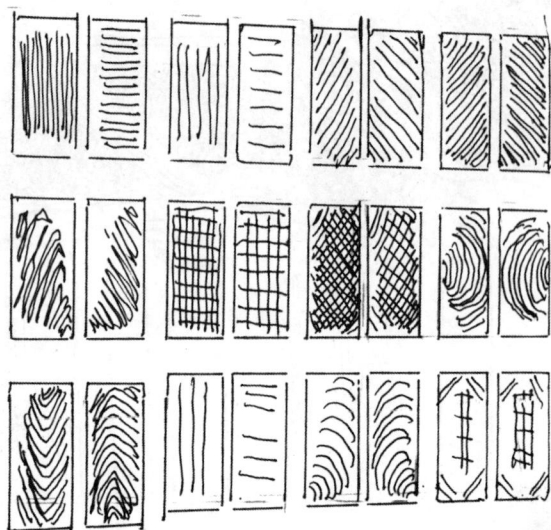

26.假日里，天寿又拿笔信手涂鸦，母亲在旁指导："青色与紫色搭配不好看。俗话说'红配绿，花簇簇''青间紫，不如死''白比黑，分明极'。"天寿重复着，默记在心。

27. 光绪二十九年八月十二日（1903 年 10 月 2 日），宁海发生反洋教起义。发起人王锡桐是天寿父亲的同榜秀才，天寿外公武举人周熊飞也是起义策划者之一。

28.起义队伍手持武器，在向宁海县城进发途中经过冠庄，天寿父亲潘秉璋会同当地乡绅，在"又新居"设宴多桌为之接风。

29.在反洋教问题上，潘秉璋对王锡桐说："老兄放心去攻城，有我这个乡长在，冠庄、回浦不会是洋人的天下。"可见其民族气节与勇气。

30. 天寿躲在楼上往天井里张望了一会儿，鼓起勇气和同学潘仲林一起来到队伍中间，摸摸大刀、棍棒。起义将士言辞激昂，在他幼小的心灵里注入了强烈的民族感情和气节。

31. 由于法国侵略者和清政府的联合镇压，起义失败。王锡桐被通缉，天寿父亲和外公都受到牵连，被列入侦查讯办对象。潘氏家族和姻亲诚惶诚恐，风声鹤唳！

32. 因天寿父亲潘秉璋和外公周熊飞在乡间深得众望，乡民们一致为其辩护，当地政府官员也有意保护，终于躲过一劫而未被问罪。

33. 此时母亲周水仙刚生下次子，尚在产房中卧床调养，受此惊吓，一病不起。十二天后，光绪二十九年八月二十四日（1903 年 10 月 14 日），留下二子二女，告别了人世。

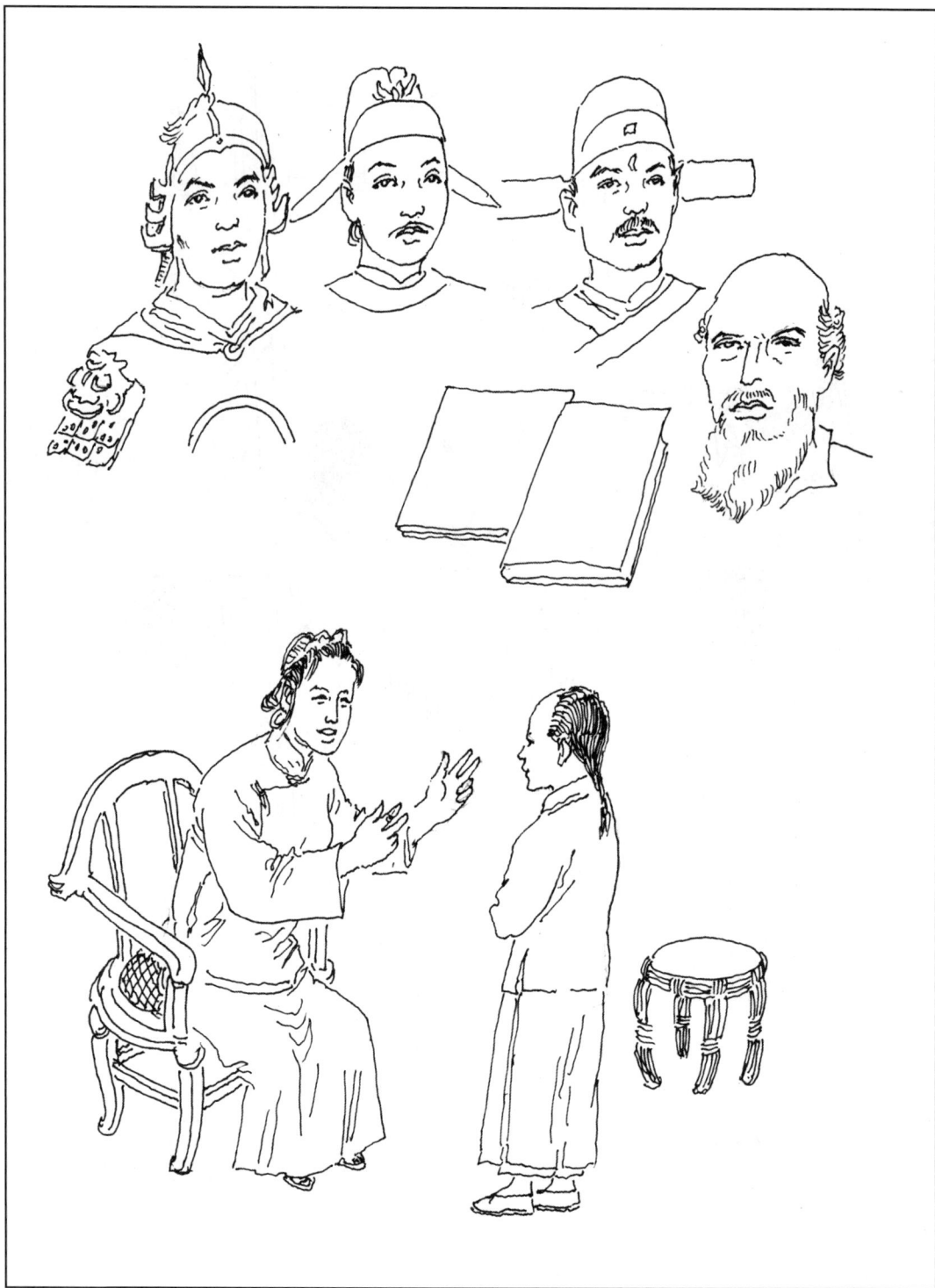

34. 天寿失去了心爱的母亲，由奶奶严氏（1848—1922）抚养。奶奶出身宁海松坛望族，知书达理，言传身教，经常给天寿讲些名人故事和家族轶事。

35. 奶奶讲了潘家"慕荆堂"和荆树的故事：古代三兄弟有一棵大荆树，分家时树死了；按理说每人一份要分三段，兄弟们不忍心这样做，后来树奇迹般地活了。说明团结、忍让的重要。

回嶷山故里

屋角古荆樹
高倚夕陽斜

36. 潘家"慕荆堂"勤劳与和谐的家风,从小在天寿的心灵上打下深刻烙印。1948年,潘天寿因父亲病逝,回故里冠庄奔丧,仰望院里高大的荆树,在《回嶷山故里》中写下"屋角古荆树,高倚夕阳斜",道出祖父潘期照栽种荆树、感恩教化下代磊落做人的心声。

37. 奶奶还讲了明代大家方孝孺誓死不为篡位的朱棣拟写诏书，而被诛连"十族"；冠庄潘氏人坚强不屈、保护忠良后裔而受祸害的故事。

38. 离家三四公里便是冠庄西山的雷婆头峰，山麓有潘家耕种的土地。书塾放假时，天寿常和小伙伴一起去地里放牛、砍柴、摘野果。

39. 遥望山崖，巨岩重叠；仰视山峰，直插云霄。天寿之后的绘画生涯中常以鬼斧神工的雷婆头峰为题材，并自号"雷婆头峰寿者"。

40.天寿从小受母亲影响，爱好手工。一次，他用粗纸和竹片糊裱裁剪成一把大刀给弟弟玩。做风筝和元宵花灯也是他的拿手好戏。

41. 一天课堂上，天道先生发现天寿没有认真习字，而是在偷偷画画，便罚他面壁思过。

42. 有一次还罚他放晚学后"押假"背课书。天寿一口气不停地把还没教的课文也背了下去，天道先生很惊讶，连忙摆摆手，招呼道："回去吧！"天寿一溜烟地跑回家。

経史

中國文學

算術

歷史地理

43. 入书塾半年后，清政府颁布了"癸卯学制"，规定课程有修身、读经讲经、中国文学、算术、历史、地理、格致、体操及手工、图画等。增加图画课对天寿来说可是个大好消息。

養金齋

44. 光绪三十一年（1905），清廷公布《奏定学堂章程》，提出改良官学，兴办学堂。乡长潘秉璋将村办书塾重新起名为"新书房"，又称"养金斋"，天寿转到新书房读书。

少年潘天寿

45. 新书房高薪聘请的塾师姓龚，是宁海城内光绪帝恩赏图书的"赐书楼"主、武进士龚继荣的后代。他常忙于城内的事务，不能来教书时，便请潘秉璋或潘秉珪代课。

46. 潘秉璋对天寿寄以厚望，希望他在名师栽培下通过科举考试进入仕途。这年秋天却传来了惊人的消息：朝廷宣布，自光绪三十二年（1906）起，废除科举制。

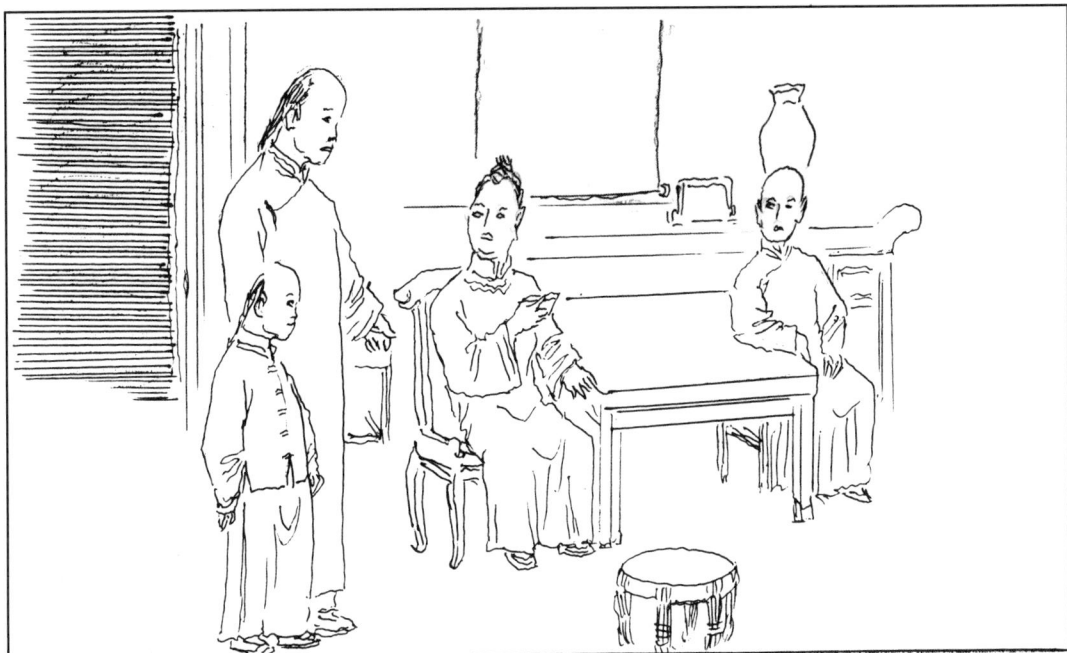

47.科举制的废除，打破了潘家姻亲们发奋读书、考取功名的美梦。县城里天寿的二姑父王灿英和其弟韶英、侄子建极一同负笈东渡，留学日本。

48.尽管在潘氏家族和姻亲之中儒生林立，天寿依旧我行我素，除完成学制规定的课程外，执意要走自己喜欢的画画道路。

秋詩又新集

周熊飛 校刊

49. 一次，天寿去看望外公，外公送给天寿一本当年自己在杭州求学时辑订、封面上印有"周熊飞校刊"的《秋诗又新集》，鼓励他好好学诗、写诗。

少年潘天寿

50. 天寿在家攻读诗词，常情不自禁地放声吟诵，引得小伙伴们跑上楼来看新奇。这时，他就喜悦地给小伙伴们讲解诗词，教他们背诵"一东、二冬……"的平水韵。

51. 天寿的大姑母家在冠庄东面两公里处的竹口村，是他小时常去玩的地方。后来在《潘天寿诗存》中，他深情描绘了竹口亲友"既还又相送，送我到中山"的情景。

52.大姑父陈肇横很疼爱天寿,知道他爱好书画,就买来描红簿和《绘画三国演义》《绣像水浒传》等让其学习临摹。

53. 中山溪在冠庄东面，是颜公河河床落差地段，河底卵石裸露，清澈的河水川流不息。天寿常去那边放牧，在河滩上玩堆房子、搭树枝的游戏。

54.少年潘天寿兴趣十分广泛,假日里常和几个小伙伴一起,背鱼篓、拿鱼叉、提畚箕,光着双脚,顶着烈日,到中山溪抓鱼、捉虾、摸蟹。

55.天寿早年自己篆刻"家在中山溪畔"的印章，后来在《夜归竹口》诗作中，也有"中山至吾里，相隔水一湄"之句，抹不掉少年时家乡山水情结。

56. 又到秋天，天寿挑着箩筐，与小伙伴们结伴去冠庄西北面的松树山捋松毛丝。累了，他倚靠在擎天巨松下休憩，遥望翱翔的雄鹰。雄鹰威武雄健，一味霸悍。成年后，松和鹰成了他创作书画和诗歌的常用题材。

57. 光绪三十二年（1906）正月，家住县城东门的天寿二姑妈接其母亲去家中小住。10岁的潘天寿跟随在轿后与奶奶一同前往。

58.二姑妈安排母亲和内侄入住王家燕子楼。王家是簪缨世家，阔绰非凡，时人称之为"王半城"，父子四人均是秀才出身，在当地也是首屈一指。

59. 二姑父王灿英领天寿入燕子楼藏书室，天寿惊讶地扫视着书橱里的一叠叠线装善本、一捆捆书画卷轴、一盒盒印章和各种文玩。

60. 天寿拜见二丈公王荣霭（号仪臣，1835—1912），礼毕后，二姑父给天寿观看王家祖上及王荣霭画的多幅中堂巨幅指墨画。二丈公曾是内阁中书衔、例授奉政大夫。

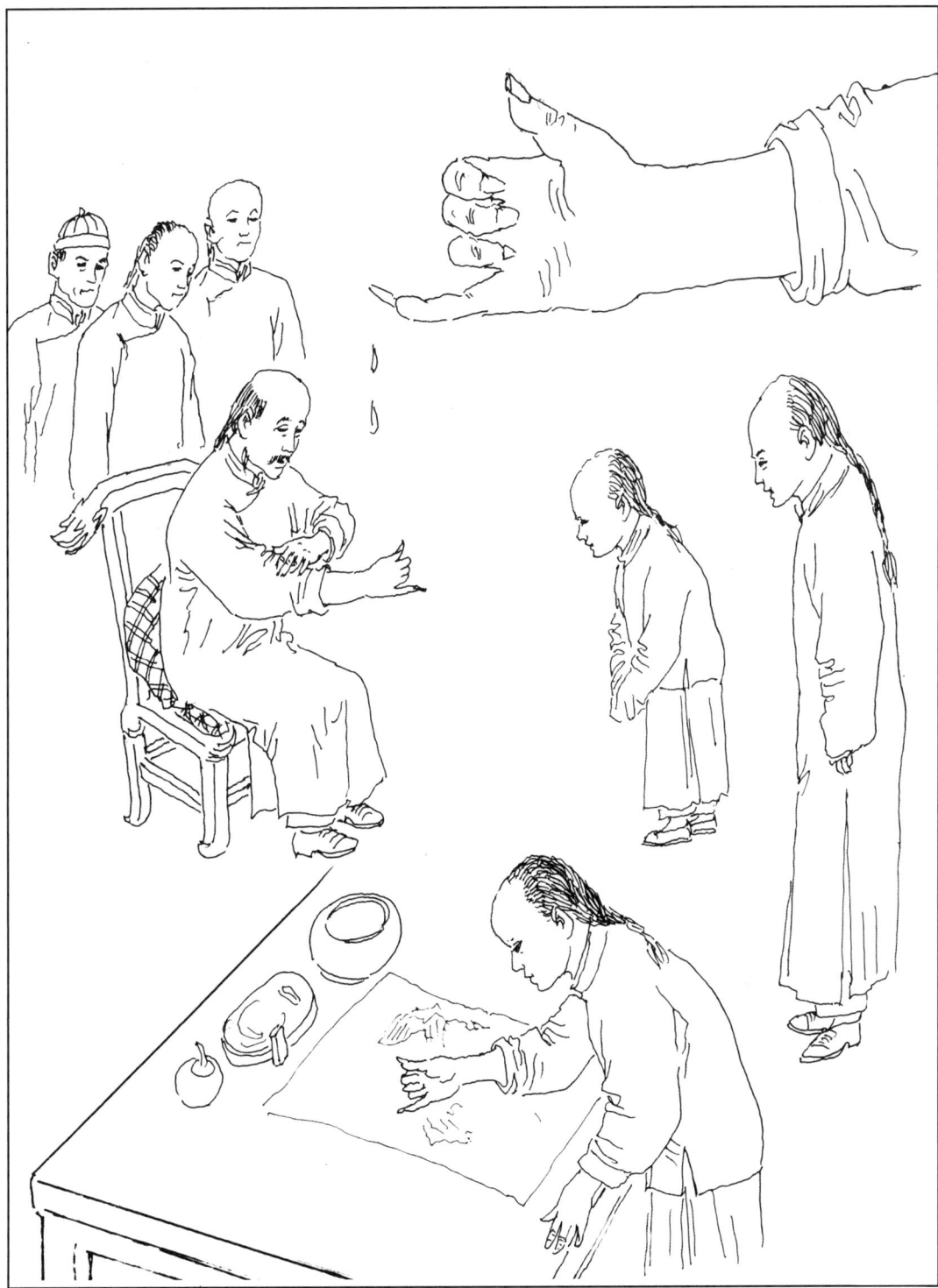

61. 清乾隆、嘉庆年间，浙江崛起以杜鳌、姜岱为代表的指墨画派。姜岱（1728—1799），在宁海县做了 28 年教谕，培养了一批指墨画高手，其中有许多是王氏族人。

62. 在燕子楼，二姑父时常给天寿观看珍稀古画，其中不乏唐伯虎、蓝瑛、郑板桥等作品；又欣赏了多方名人印章及端砚、名墨、印台等文房用品。

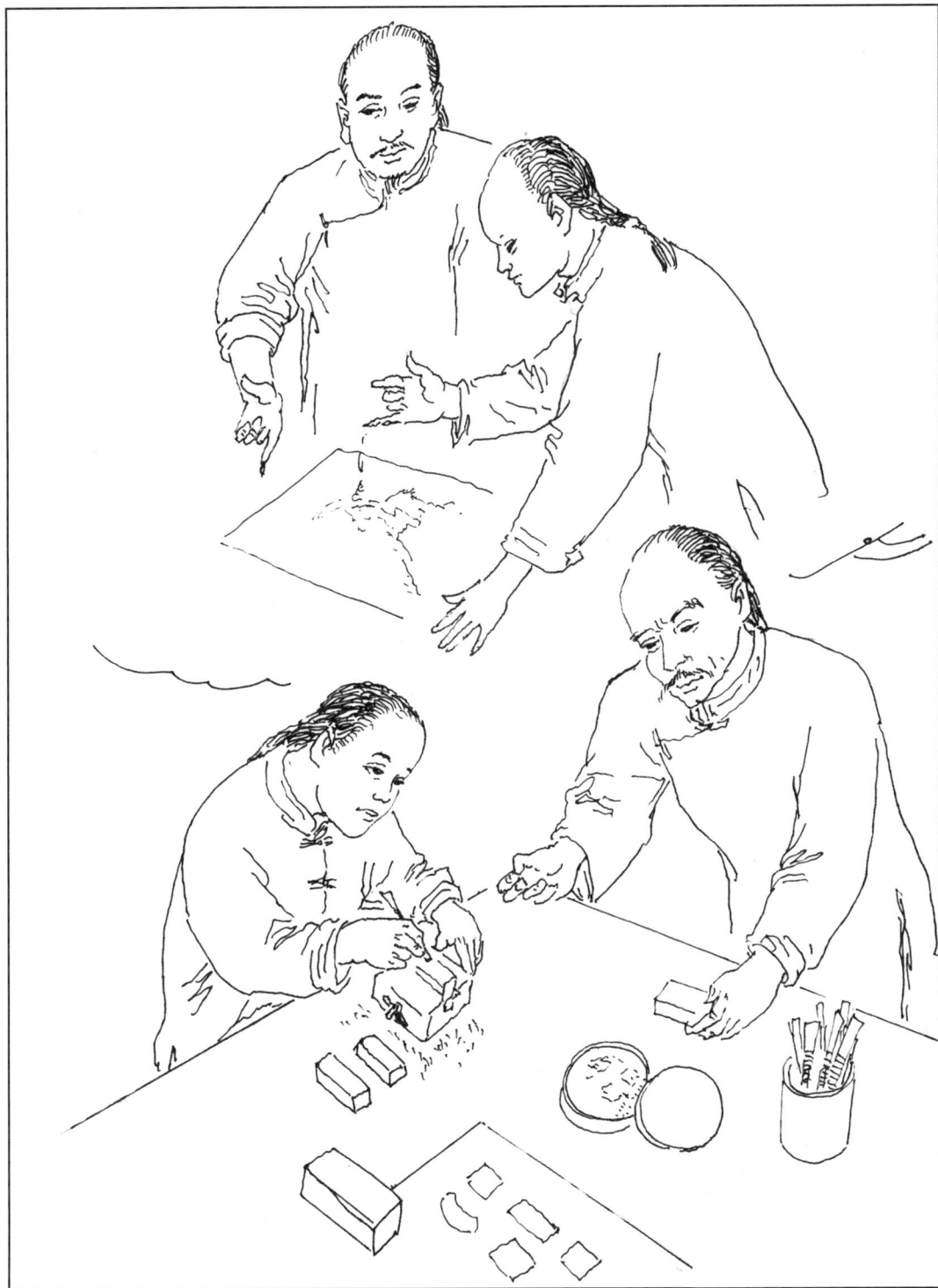

63. 丈公的悉心面授和姑父的启发开导，给天寿以良好的艺术启蒙，加深了他对书画篆刻艺术的了解，尤其对指墨画和篆刻产生了浓厚的兴趣。

64.在新书房，天寿是最喜欢看书、最会背书对课的学生。一次对课中，塾师提问"铜茶壶"，天寿脱口妙对"铁汤罐"，博得龚先生的夸赞。

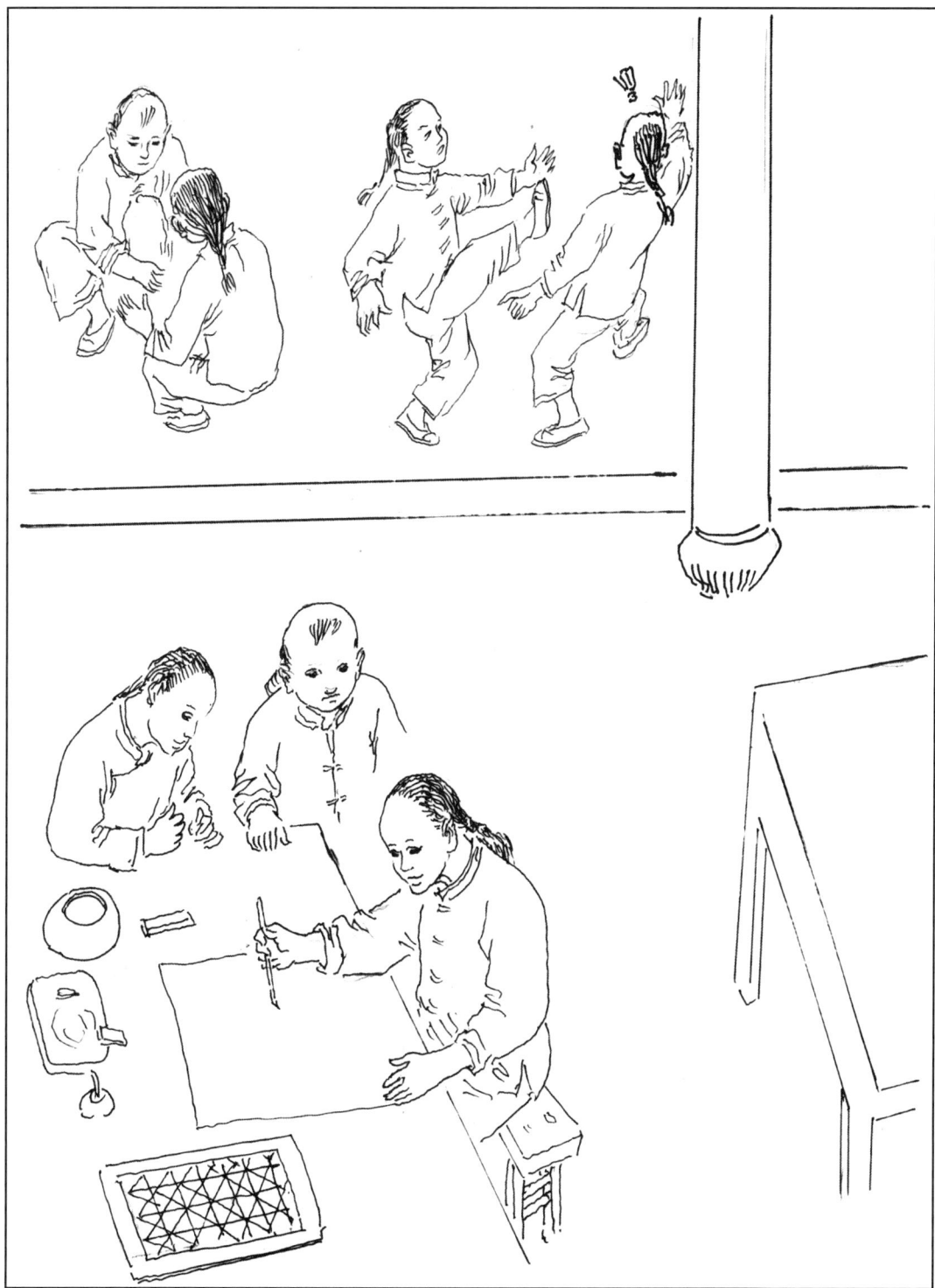

65.新书房课程规定只可以练字，不可以画画。龚先生是墨守成规的塾师，总认为画画有碍文章，但是天寿对作画仍是不肯废弃，并且兴趣日益增进。

66.为避开塾师查课，天寿每天提早去上学，悄悄躲到西厢房的角楼里，借着小窗的微弱光线，聚精会神地在纸上临摹《绣像水浒传》的人物和场景。

少年潘天寿

67. 一次上课时，天寿悄悄地掏出纸笔，正全神贯注地画着，竟没有发现塾师走过来。先生一把夺过那张画纸撕个粉碎，并用戒尺打他的手掌。

68.暇时，天寿到乡里祠堂寺庙，仔细观摩墙壁、门窗上的彩绘人物故事、山水风景、花鸟虫鱼，一一牢记在心，回到家中再默画摹仿。

69.天寿常到冠庄村西的相见岭写生，或画家乡村庄的景色，或画雷婆头峰远景。有时画得入神了，下起暴雨，才知道去躲避。

70. 天寿在躲雨时发现雨点落在砖头上很快就会干，便把砖捡回家，磨平作练字台，用毛笔蘸水在砖上练字。他还用笋壳、竹片、猪鬃等制笔试用。

71.奶奶见天寿自己制作练字台、毛笔，头脑灵活动手能力强，心中充满希翼，知道孙子非常欢喜写字画画，便常常从他父亲处拿些笔纸给他。

天地玄黄宇宙
洪荒日月盈昃
辰宿列張寒來
暑往秋收冬藏
閏余成歲律呂

72. 父亲很少过问天寿的学业，但对练习书法倒很支持，常以自己喜好的正楷和榜书来要求他。有时觉得天寿字写得狂野了，气得直顿足，骂他写的是"无赖字"。

73. 家里的活计多由叔叔潘秉珪承担，他常买些当地的黄公纸送给侄子书写，闲时也会辅导天寿练字。

74. 天寿在新书房读书时，嫌磨墨太费时，便将整支墨敲碎泡在瓷瓶中。一到夏天，打开瓷瓶，臭气熏天，旁人迁怒不迭。

75. 天寿常自制墨汁，向木匠或裱画店要来骨胶，用热水融化，再将柴灶锅底黑灰用铲刨下，一并调匀装灌于瓶中，用于平时练习书法。

76. 天寿书画技艺日见长进，深得新书房同窗美慕。同学潘裕青、潘明昂跟着天寿学起了书画。成年后，潘裕青擅长花鸟画，成为油漆匠；潘明昂擅长雕刻，成为雕花细木匠。

生明书画铺

77.潘天寿十二三岁时，每当有了空闲，便会去县城的裱画铺看书画。他总是兴趣十足，聚精会神地细看揣摩，有时到店铺打烊才肯离去。

78.一次，天寿从城里看画回来，途遇大雷雨，他便采一片芋叶盖在头上，几公里路一直淋回家。奶奶见他全身湿透，赶忙拿来替换衣服和干毛巾，真是又疼又爱。

79.宣统二年（1910）春，14岁的潘天寿考入县城缑中小学，插班就读初小三年级。学校设有国文、算学、历史、地理、体操、乐歌、图画等课程。

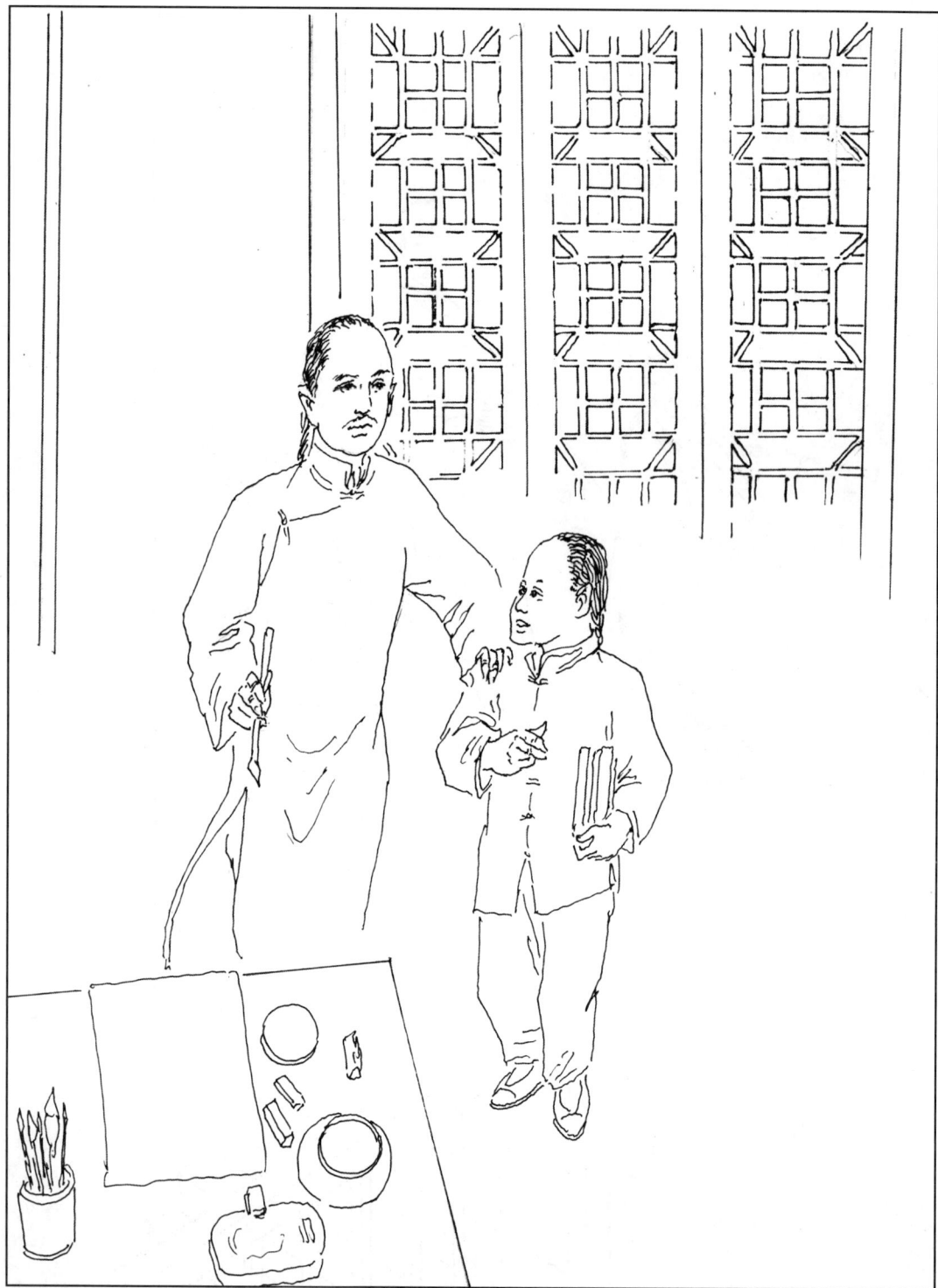

80. 校长吴寅（1878—1953），字子桐，出身教育世家，学识渊博，工书法、篆刻，又能诗，在教育界颇有声望，天寿受他影响很深，十分尊敬他。

少年潘天寿

81. 学校有了图画课,天寿便可顺理成章发展他的书画爱好。天寿在县城芸香纸店买到《瘗鹤铭》《玄秘塔》等法帖,朝夕临习。

82. 有一天，同学杨其华约天寿一同去县城北"二亩园"拜望其舅舅徐履谦。徐履谦（1859—1924），字抚九，清光绪秀才，曾任杭州育英书院（之江大学前身）院长。

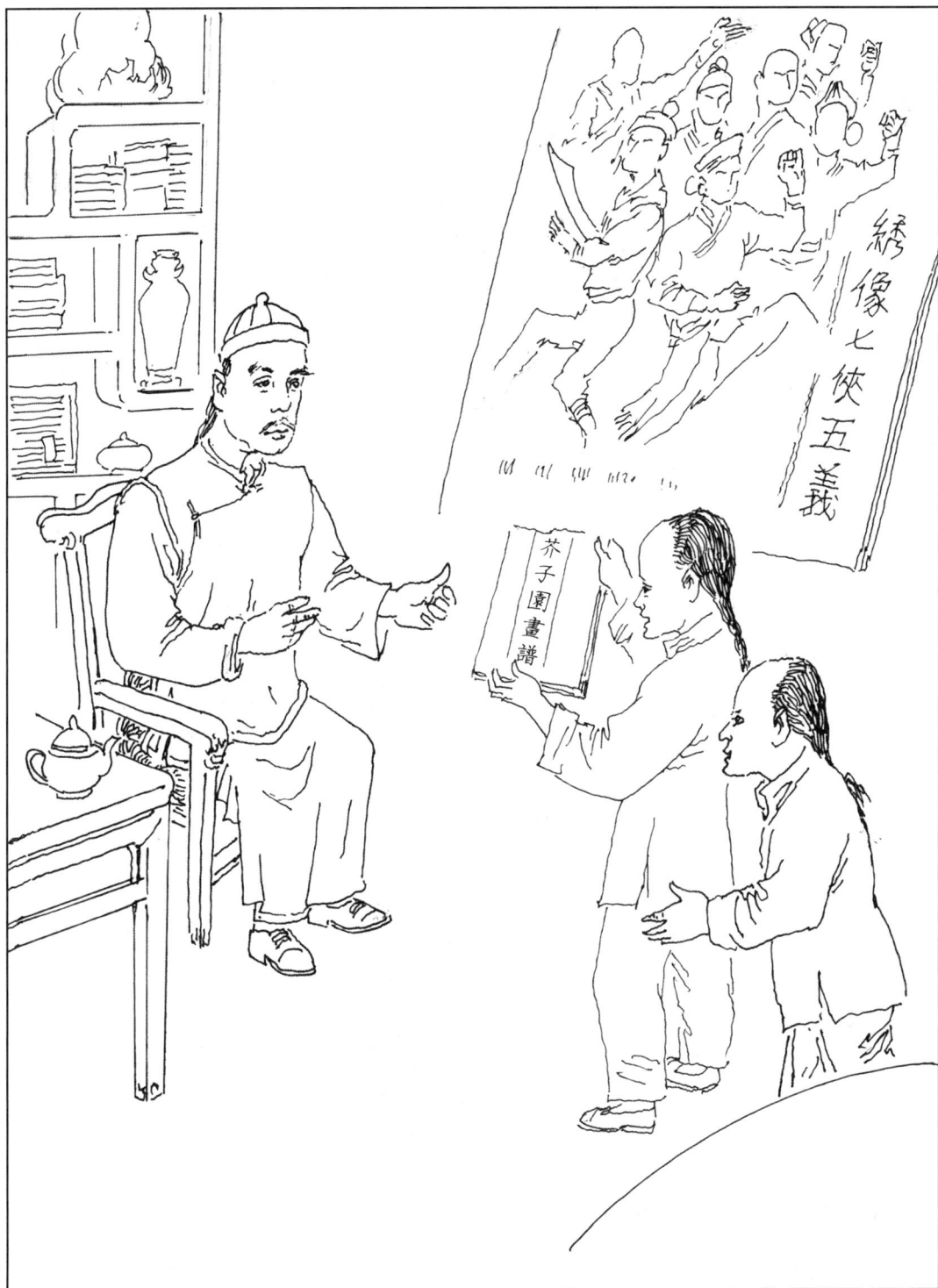

83. 徐履谦胸怀高泊，篆刻、书画造诣深厚。他悉心指点并要天寿研习《芥子园画谱》《绣像七侠五义》，还叮嘱天寿每个周日送一幅画作让其点阅。

84.《芥子园画谱》在天寿面前展现了一个全新的天地，恰似久旱逢甘霖，让他懂得了中国画原来有如此复杂的技法、繁多的分科和玄奥的画理。

85. 天寿拜师求教，深得名师们的器重和教诲。他在晚年曾深情地说："我从 14 岁起就下决心要做一个中国画家。"

86. 天寿寄居燕子楼，二姑母彩金对这个侄子视如己出，提供优越条件。但好景不长，二姑夫王灿英留学日本加入同盟会，回国后变卖家产支持反清活动，家境每况愈下。

87. 天寿不得不搬到学校居住，却有更多时间来揣摩画谱法帖，朝夕潜心临摹古画，无一日中断。志向弥坚的天寿初显书画和篆刻的才华。

88.天寿得知同学严云（字苍山）的祖父严明（字晓江）和父亲严子樵都是丹青高手，家中极富收藏，不禁欣喜若狂，急切相约前去严家观画。

89.一个星期六下午，天寿随严云徒步八公里来到黄坛镇严家。严家父亲严子樵热情接待，拿出所藏珍品任其观赏。

90. 应天寿之请，严子樵还挥毫示范，讲解作画要点。后来天寿又多次登门求教，严子樵总是精心指点。

少年潘天寿

91. 严明是姜岱指墨画传人，他所作的高雅别致的指墨画给天寿留下了深刻的印象。后于1935年在宁海举办的"严晓江百龄遗墨展"上，名士章一山、于右任、经亨颐等为之挥毫题赞。

92.父亲供给天寿学费和最低限度的伙食费，天寿只好买十文钱一刀的土纸，以水当墨在纸上
练习书画，晾干后再由淡至浓练上好几遍，有时还在县城买废报纸练字。

93. 篆刻用的印章石料比较昂贵，天寿为了节约印石，刻了磨、磨了刻，反复练习使用，直到自己满意，才会把印章保留下来。

94. 天寿曾尝试用黄泥、白墙泥做印章坯子，用蜂蜡代替釉涂面，到村里小窑厂烧制。经多次试验和印章刻制，效果并不理想，只能放弃。

95.听刻章师傅说，宁海烟墩山上有天然腊石，质地细腻，硬度适中，可以用来刻章。天寿喜出望外，决定前往烟墩山寻找章料腊石。

96. 天寿约上熟悉烟墩山周边情况的屠允琪同学，一同步行五公里小路，来到靠近象山港的烟墩山，在那里找到了腊石，捡回后磨制成印石。

97. 天寿与屠允琪趣味相投，经常在一起学习、切磋书画艺术、篆刻技法。屠允琪后来考入上海美术专科学校。

98. 没有画具，天寿就弄来一个蚕茧套在手指上，蘸了墨水作画。蚕茧磨破了，干脆就直接用手指涂抹，反觉别有意趣。他还尝试过用口舌、脚趾绘画。

99. 天寿脑中每一有灵感浮现便会提笔去画。他常常攻读到深夜，睡梦中有了好的诗句，立即起床挑灯记录、推敲，直到满意了才罢休。

100. 天寿知道墨对书画效果至关重要，就尝试制作墨块。假日回家，将锅底铲下的黑灰掺入适量的骨胶水，揉团反复捶打，经多次试验终于成功，质量可媲美松烟墨。

101. 天寿找来石头，试锤了多个砚池，总感觉不堪使用。又跑遍县城周围的山坳，终于找到一块青色石料，打磨成较大的砚池，四周刻上花纹，总算获得满意的效果。

102. 天寿读古书时发现古人用头发丝画画，觉得颇为有趣，就拿棕榈丝等材料替代之，但毕竟是凭一时兴起，画出来的画不经看，材料也难以掌握。

103.制作笔架、笔筒是潘天寿的强项。他擅长就地取材，竹木削雕自如，常制作竹刻赠送亲友。
宁海潘天寿纪念馆展出的一件竹雕水仙笔筒，就是潘天寿当年送给弟弟潘天膺的杰作。

104. 天寿还尝试自制印泥，他买来洋红染料，挖来白墙泥，加菜籽油捣烂，掺以棉花，但盖印后宣纸渗油严重。后经寻师讨教，改良配方和工艺，终获成功。

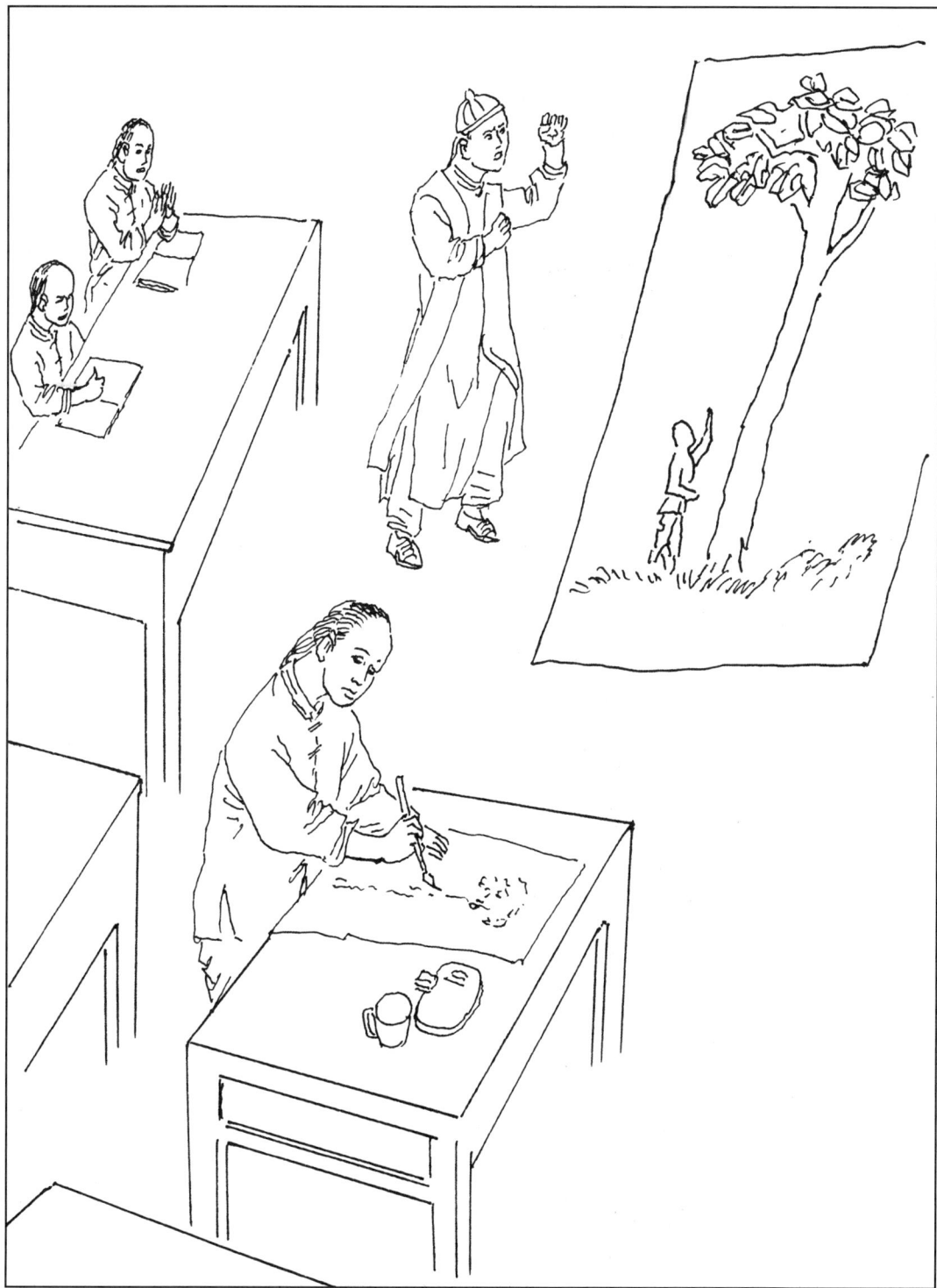

105. 缑中小学临近毕业，天寿心血来潮，上正课时铺纸作画。画的是梧桐树后站一童子，以手指树。级任（班主任）周韶见了，劈手将画夺过，呵斥道："你敢违反校规，侮辱师长？"

106. 级任向校长吴寅告发，认为此画影射吴寅的雅号"子桐"，吴寅不以为然。但级任固执己见，非要开除潘天寿不可。吴寅见师生关系如此之僵，只得让他转学至县立高小插班就读。

107. 退学风波的阴影在少年潘天寿的心头挥之不去，他在逆境中奋进，从此更坚定从事书法、绘画、治印的决心，发愤探索艺术的发展道路。

108. 事后，有人问潘天寿，何故冒犯老师。他忿然答道："桐树枝叶茂盛，意为吴校长教书多年，桃李满天下；学生以手指树，是感谢先生栽培之恩，哪有侮辱之意。"

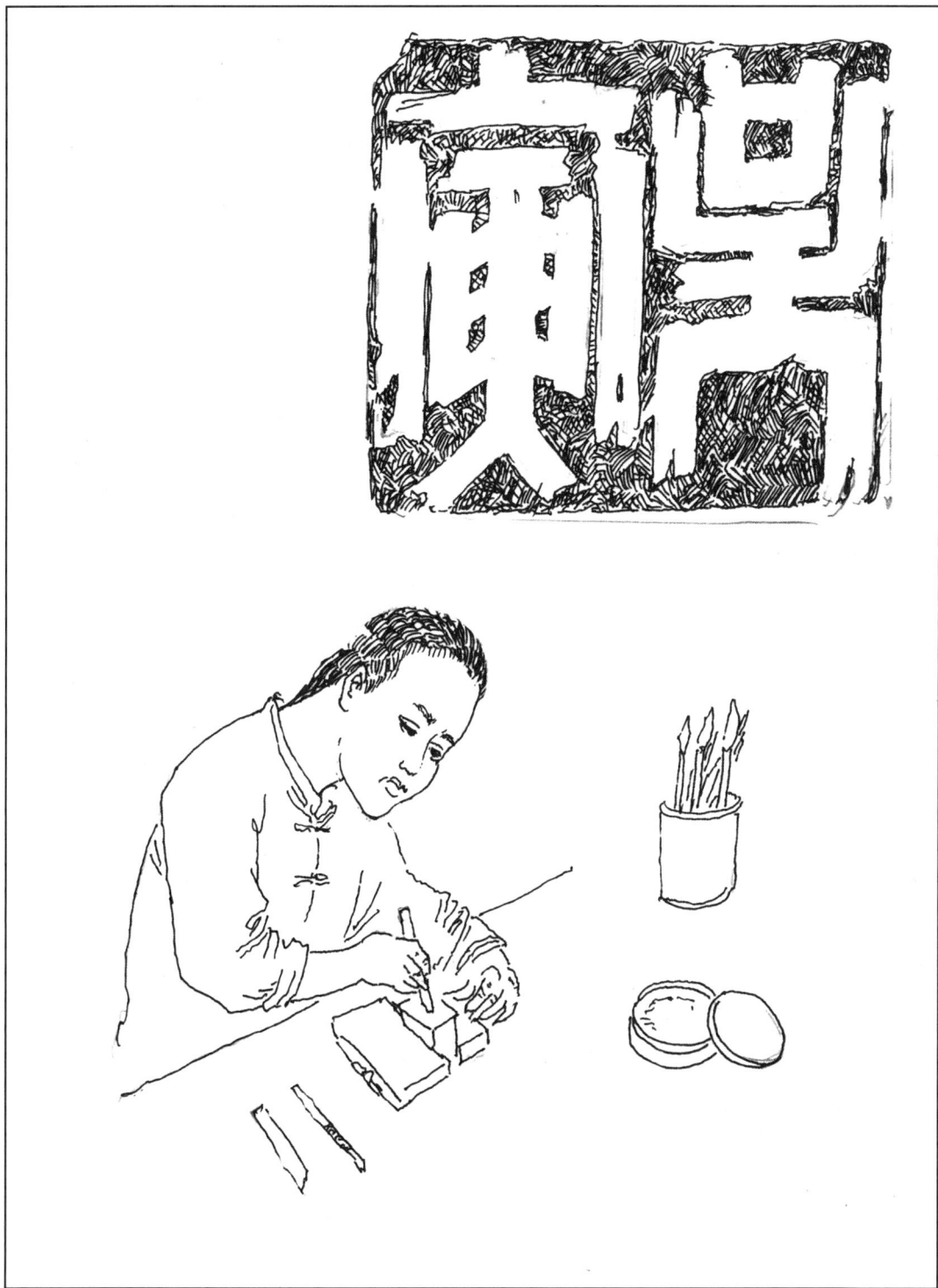

109. 过了一段时间，潘天寿以篆刻的形式，创作了"吴子桐"和"吴寅"两方印章，赠缫中小学校长吴寅，以答谢他的爱护之情。

110. 潘天寿对各门功课作业从不延交，只是对老师讲课重复多次有厌烦，于是拿出纸张或印石偷偷画刻。

111. 杨东陆先生是光绪年间秀才，作候补知县而未就任。工书善画，才气甚高，然玩世不恭。
潘天寿常向其求教书画，他总是循循善诱，非尽善尽美不可。

112. 每到周日，潘天寿就带着作品去徐履谦先生家。徐先生已年近花甲，每每批改画作，仍精心指教。先生慧眼识英才，对众多弟子说："天授悟性很好，将来会有大出息！"

113. 潘天寿少年时期的成长，得益于当年宁海的良好文化氛围和基础教育，更得益于同乡徐履谦、杨东陆等名师的指教与帮助。潘天寿直到晚年仍对此念念不忘。

少
年
潘
天
寿

寧海縣立高等小學堂

114. 宣统三年（1911）冬，15 岁的潘天寿从缑中小学转入宁海县立高等小学堂（县立高小）。
该校前身为"文昌书院"，它的创办人是潘天寿二丈公王荣夔的好友王钜韶。

115.学堂在县城西门，校门立有石柱，旁有"文昌书院"石牌。入校门可见王钜韶所题"东壁图书，西苑翰墨"。操场占地五六亩，一棵古老的银杏树衬托着一排校舍。

116.校长龚志清（1878—1930），又名定沄，字子钦，光绪年间于上海的师范学校毕业，待人诚恳，栽培学生不遗余力。学校开设手工、图画课程。潘天寿书画、篆刻进步很快。

117. 潘天寿入校读书不久，辛亥革命爆发，学堂统一改称学校。为纪念乡贤方孝孺（正学先生），学堂更名为"宁海县正学高等小学"（正学高小）。

語文
算術
歷史
地理

118. 正学高小实施现代教育，每班学生 30 人以内；学生校服冬为黑色，夏为白色。考试更严格，国文和修身由县长命题，有一科不及格就不能毕业。天寿不担心成绩，更关心的是书画。

119. 潘天寿学习悟性很高，有强烈的求知欲和钻研秉性；他视野开阔而又善于创新，头脑灵活、动手能力强，各门功课在班级里都名列前茅。

120. 学生们对孙中山先生的革命主张非常赞同与支持，大家都剪去了小辫子，改留短发。潘天寿则干脆剃了个平头。

121. 柔石（赵平复，1902—1931）是潘天寿低一年级的同学，性格淳朴坚毅。二人性格相近，志趣相投，相处甚厚，常常一道切磋诗文。

122.同学季太才也擅篆刻，潘天寿常与他切磋技艺。季太才（1902—1929）是宁海最早的中共党员之一，首个中共宁海党支部及宁海亭旁起义有关印章就是季太才所刻。

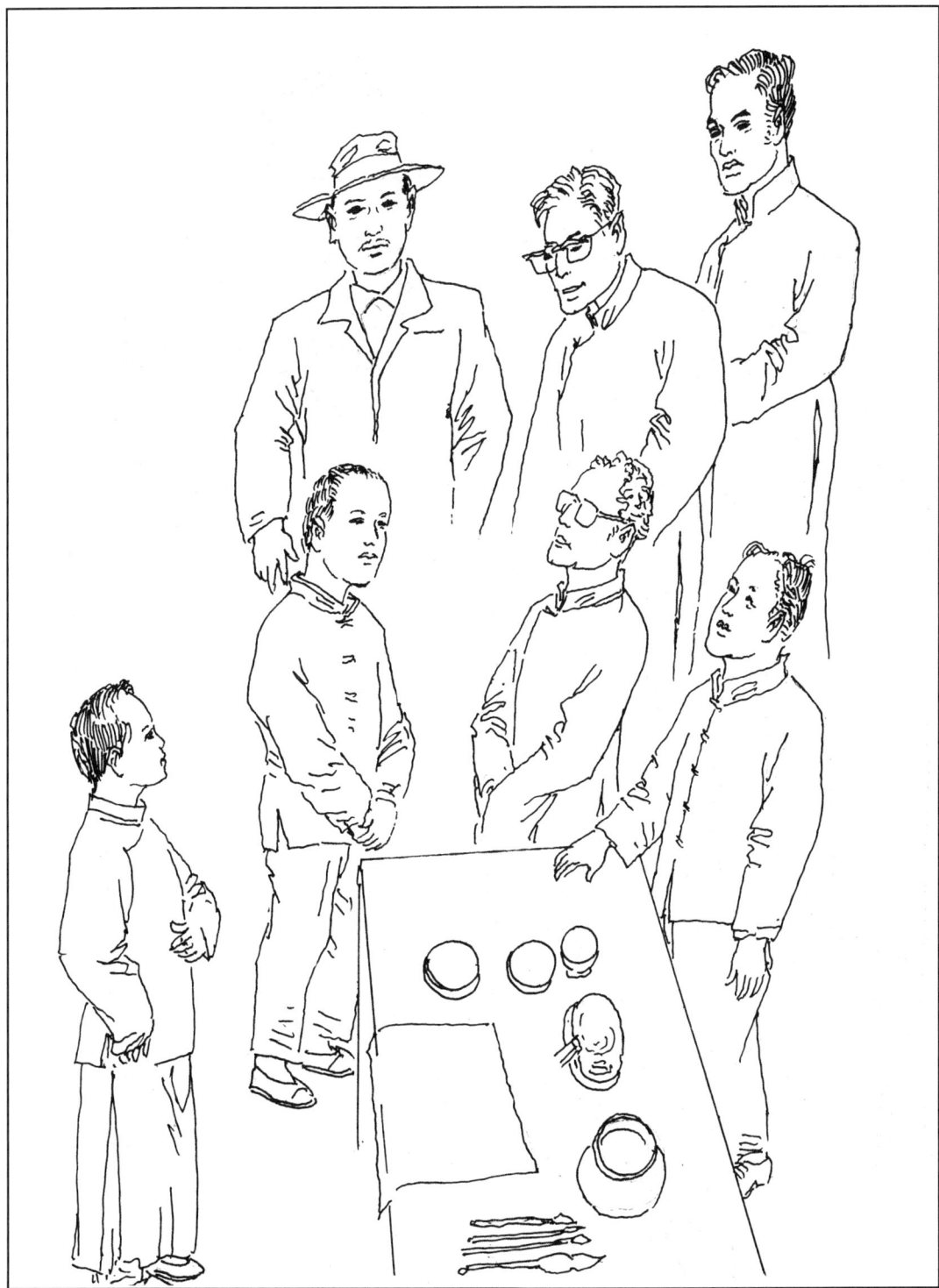

123. 潘天寿、柔石、严云和季太才，在正学高小皆为同窗好友，国文、书画、篆刻等艺术各有
所长，深得学校老师的赏识和同学们的喜爱。

124. 潘天寿每天上学都要路过正学坊、正学祠，领略到先贤的启迪，使自己的步履有所依从。正如鲁迅所言，"台州式硬气"在潜移默化中影响着他的人格。

乾坤正气

125. 在县城东南跃龙山上，有题"乾坤正气"的青石牌坊，上面有三开间的平瓦房——"方正学读书处"。潘天寿常来此处踏览、作画写生。

126.潘天寿站在茂林幽深的跃龙山上，放眼眺望，山顶有明末时为纪念方孝孺而建的"文峰塔"，心中充满对故乡先贤的崇敬之情。

少年潘天寿

127. 正学高小有一台受赠的西洋壁挂式自鸣钟，苦于没有标准时间，无法使用。潘天寿到东门龚家钟前，记下以正午 12 点钟竹棒测得的投影长度，于次日用此方法校准学校挂钟时间。

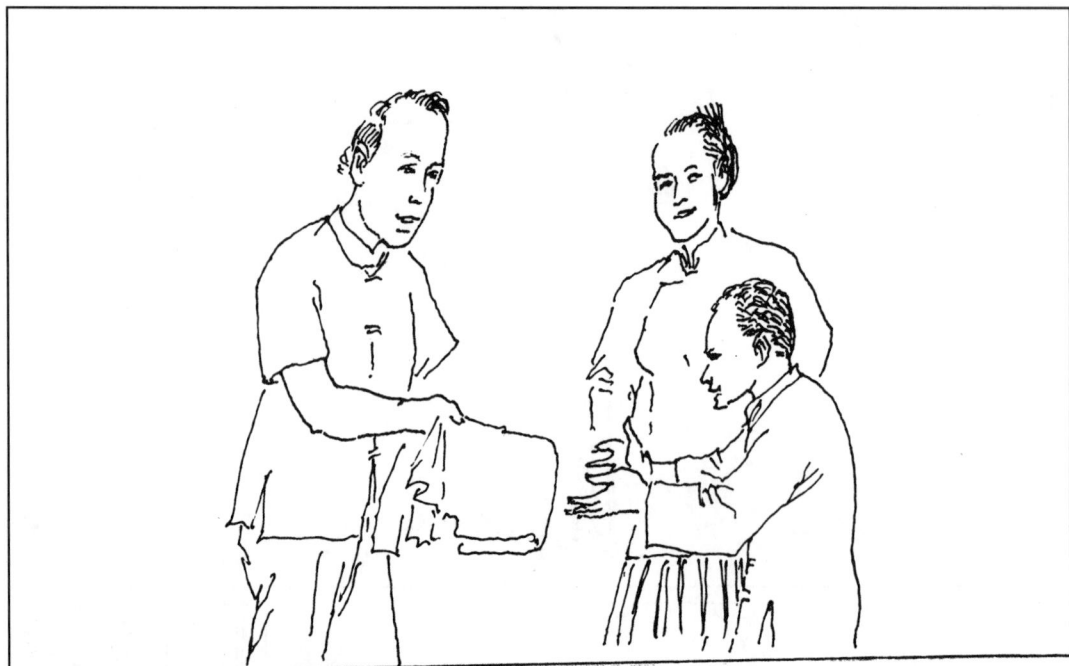

128. 夏天到了，父亲买了夏布褂、夏布帐送到学校。天寿的手又痒了，在褂上画了图案，帐上画了四君子。由于学校禁穿奇服，只得再去染掉图案。

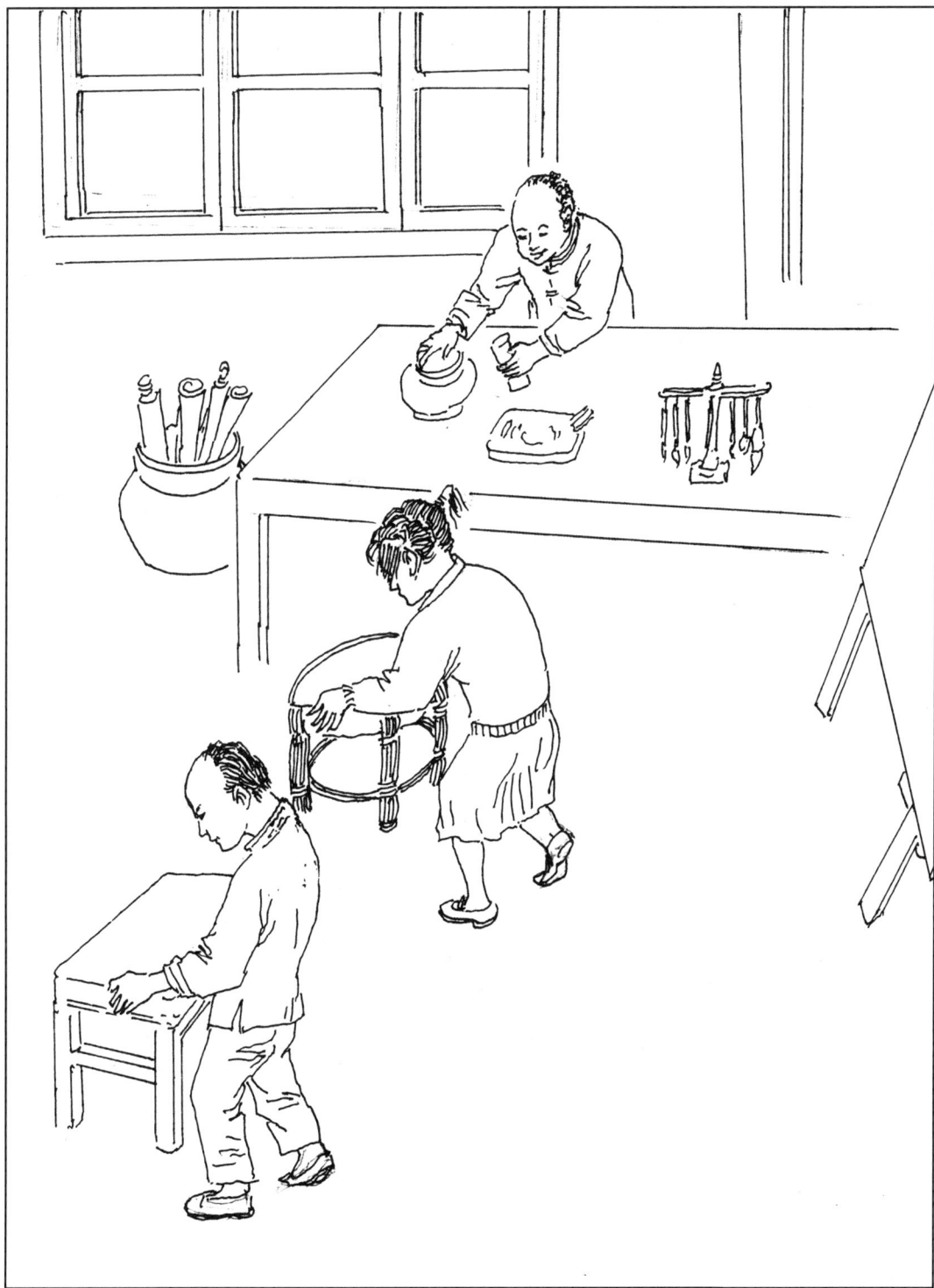

129.放假回家，天寿学着大人的派头，在东大房楼上布置书房和画室。兄弟姐妹们常来凑热闹，看着他画画写字。

少年潘天寿

130. 父亲送给潘天寿一个旧式书橱，天寿在里面放上自己学习作画的全部家当。书橱上有两扇长方形的门，他想在上面刻上一副对联，但一时找不到佳句。

130

131. 假日回家劳动，作诗灵感来了，潘天寿在书橱门上题写了一副对联："种菽粟于砚田收成有日，怀奇珍于文席待聘以时。"后改刻于其上，此橱至今陈列在潘天寿故居。

132. 天寿新布置的画室里，画桌倚靠二楼后窗，往窗下俯视，是一方小水塘，塘沿杨柳依依，树下有石头，供人休憩。天寿经常凭窗仔细观察水牛耕罢回来在水塘里嬉戏的情景。

133.水牛是天寿亲密的伙伴,他无法涉过水流湍急的中山溪,是水牛驮着他通过;下地干活累了,他骑在牛背上回家。最神的是水牛入水刹那间,喘出一股袅袅炊烟般的牛气!

耕罢

少年潘天寿

134. 天寿摊开纸张，把耕罢回来气宇轩昂、身姿矫健、意气风发、威武雄壮的牛都画在纸上。多年后曾用一丈二宣纸画成《耕罢》大水牛送给宁海县人民政府。

135. 天寿用两条长板凳架起门板，充作画案。弟妹们惊奇地看他画画，他们抢着要替大哥展纸、磨墨。见到纸上的大水牛生动传神，纷纷拍手称好。

136. 天寿常去村庄旁的庵堂寺观画画,他能把寺庙中面壁打坐的僧人画得惟妙惟肖,冠庄周边的都总庙、青莲寺至今还留有出自其手的匾额、门联。

137. 天寿平素很少画素描。有一天上完西画知识课，他心血来潮，带着工具，为他的杨之姨娘
用碳棒画素描肖像。（肖像现藏宁海城关杨希英老师家）

奔馬

少年潘天寿

138. 有一次，城里来了好多军马。潘天寿从来没见过这样高大的马，便跟在旁边细细观察，然后画了一幅正面奔马挂在教室中，同学们看了无不称奇。

139. 在宁海城乡，书画资料相当有限，常年难得见到几幅像样的古画。潘天寿到大自然中去找灵感，在他眼中，家乡的山水无处不美。

少年潘天寿

140. 一到周日，他便登山涉水，宁海城乡四周的跃龙山、崇寺山、杜鹃山、清凉山和雷婆头峰，三门湾、象山港……碧波荡漾，山海绵延，遥相呼应，都成为他创作的好题材。

141. 还有家里的猫和小鸡，篱边的菊花、修竹，山花、野草，耕牛、青蛙，荷花、游鱼，雄鹰、八哥以及屋角的蜘蛛网等等，无不成了他学画的蓝本。

142. 农忙和假期回家，潘天寿白天务农，晚上读书、写字、画画或刻印。每晚必为自己倒满一盏灯油，油未尽决不休息。

143. 乡长提倡大众识字，农闲时组织妇女扫盲，"又新居"后屋成了妇女们识字的场所。"小学生"潘天寿热心地兼任教师，教学识字。

少年潘天寿

144. 潘天寿先生后来回忆道："我在年轻的时候，就欢喜国画，但每自以为天分不差，常常凭着不拘束的性情、趣味出发，横涂直抹，如野马奔驰，不受缰勒。"

145. 潘天寿先生后来的自我总结说："对于古人的'重工力、严法则'的主张特别轻视。这自然是一生的大缺点。"

146. 潘天寿先生追忆吴昌硕说："昌硕先生知道我的缺点……'只恐荆棘丛中行太速，一跌须防堕深谷'……他深深地为我绘画'行不由径'而作垦至的发愁与劝勉。"

147. 潘天寿看到一种非常工整细致的画，恰似"纤毫毕现，栩栩如生"，受到好多人喜欢。他也试着画过一些，但终觉乏味，认为自己不适合这类风格。

148.潘天寿坚持用手指作画，发现手指似乎比毛笔更能表达自己的意图，就像农民在地里干活，有种扎实牢靠的感觉，这和他的性格也很相近。

149. 光绪年间宁海张俊三编的《几何画法教本》，是高小必修教材。课堂上，同学们都当几何课听。潘天寿则不然，他既当几何课，又当图画课。

149

150. 潘天寿入迷地听着，先生讲述点、直线、平面、立体的投影，他心中暗喜，觉得可以融入绘画创作。他也钦佩于教育家章楳在序中有关几何与绘画的论述。

一片清幽水石間劇憐幽
子步姍姍生塵猶誚陳思賦
始信才人下筆難
甲寅猷刻

151. 潘天寿在正学高小读书期间还刻有水仙山石纹毛竹笔筒，旁镌一诗："一片清幽水石间，剧怜幽子步姍姍。生尘犹诮陈思赋，始信才人下笔难。甲寅（1914）猷刻"。现陈列在潘天寿故居。

152. 潘天寿在正学高小的最后一年，意识到家庭经济困难，必须要考取为数极少的公费生名额。这一年，他废寝忘食刻苦学习，在国文、数学、历史、地理上全面发力。

153. 少年潘天寿绘画有点小名气了，同窗好友、地方亲戚都会向他索要书画，他总是欣然应允，多数是立即泼墨挥毫，谦恭相赠。

少年潘天寿

154. 民国四年（1915）夏，潘天寿以第二名的成绩从正学高等小学毕业。学校培养了一个忠诚、刚正的学生，一个初露书画篆刻才华的少年。

155. 迫于生计，父亲要刚从正学高小毕业的潘天寿回家种田。后因天寿求学心切，意志坚决，父亲才同意他报考官费的浙江省立第一师范学校。

少年潘天寿

156. 民国四年（1915）秋，天寿背着行囊，带了干粮，赴省城赶考。为节省路费，他先从宁海步行到宁波，然后坐火车到曹娥，再水陆兼行到杭州。

157. 入学考试中，潘天寿的作文主题是故乡历史遗迹和先贤的警言，表达了忧国忧民砥砺发奋的思想观念。此文获得老师们的青睐，给予最高的分数。

158. 此次省城考试，1200名考生中仅录取60名。潘天寿以策论第一、总分第二的成绩被浙江省立第一师范学校录取，自此结束少年时代，迈入继续求学的青年时代。

跋
AFTERWORD

　　潘天寿，一位集书画、篆刻、诗文及美术理论为一体的当代美术大师，究其成长和成功之路，离不开少年时期的学养和铺垫。

　　潘天寿在家乡浙江省宁海县冠庄村生活了 20 年整——考进浙江省立第一师范学校前的 18 年少年生活和毕业后在宁海正学小学 2 年的教书生涯。我与潘天寿是同乡。1971年，我从部队复员回到宁海工作，惊闻潘天寿先生在杭州逝世，家乡百姓十分怀念潘天寿，常谈起他少年时代在宁海的生活片段和动人故事。于是我一边工作，一边作为宁海县文保协理员，搜集整理了不少潘天寿少年时期的活动情况和事迹。

　　我的祖父储安俊及他的书塾师友常提起授业的学生潘天寿。我的大伯储刚，毕业于省立六中，在宁海正学高小曾与潘天寿共事任教。当时我去得最多的地方是冠庄，寻访潘天寿的亲属、村庄长者、同学同事和熟悉潘天寿的人士；寻找潘天寿学习、生活过的地方及其留下的手工制作等遗作遗迹。

　　二十世纪八十年代末，我将采集到的潘天寿在宁海期间的活动史料，归纳成文史稿形式，准备撰写潘天寿青少年时代在宁海的故事，向宁海在京工作的张明养、娄朗怀夫妇汇报，得到他们的支持，并为我引荐儿童文学家冰心。冰心老师肯定了我选择潘天寿课题研究的重要性，认为这一主题可为家长和学生提供有益之经验，鼓励我早日完成；建议我仅选取少年部分，起名为《少年潘天寿》，并为之题签。

　　为适应快节奏的生活方式，更好地吸引读者，西泠印社出版社江吟社长建议，以当今流行的文字与图画相结合的画本形式出版《少年潘天寿》。人民美术出版社《中国连环画》杂志原总编、编审童介眉先生，老当益壮，尽心执笔描绘艺术巨擘潘天寿的形象。本书在编写和出版过程中得到潘公凯先生的赐教和中国美院教授、潘天寿纪念馆原馆长卢炘先生的指导。天一阁研究员王宏星为此书统稿付出了辛勤劳动。致谢当年寻访、采集资料提供方便的潘天寿亲属和宗亲们。对本书提供资料的滕延振、苏伟唐、杨象富、林根梅、潘志光、陈永怡、李恒迁等一并表示谢意！愿诸同道不吝以教之！

储建国

辛丑仲春于杭州寓所

图书在版编目（ＣＩＰ）数据

少年潘天寿 / 储建国文；童介眉绘 . -- 杭州 ：西
泠印社出版社，2021.6
　（浙江省文史研究馆文史丛书 ；四十四）
　ISBN 978-7-5508-3434-7

　Ⅰ . ①少… Ⅱ . ①储… ②童… Ⅲ . ①潘天寿（
1898-1971）－生平事迹 Ⅳ . ① K825.72

中国版本图书馆 CIP 数据核字 (2021) 第 120638 号

浙江省文史研究馆文史丛书之四十四

少年潘天寿

储建国　文　　童介眉　绘

出 品 人	江　吟	
责任编辑	李寒晴	
责任出版	李　兵	
责任校对	徐　岫	
装帧设计	王　欣	
出版发行	西泠印社出版社	

（杭州市西湖文化广场32号5楼　邮政编码　310014）

电　话	0571-87240395
经　销	全国新华书店
制　版	杭州如一图文制作有限公司
印　刷	浙江海虹彩色印务有限公司
开　本	787mm×1092mm 1/16
字　数	15千
印　张	10.5
印　数	0001—2000
书　号	ISBN 978-7-5508-3434-7
版　次	2021年6月第1版　第1次印刷
定　价	48.00元